AF232097

LE GLORIEVX EVENEMENT A LA COVRONNE IMPERIALE DE LOVIS XIV.

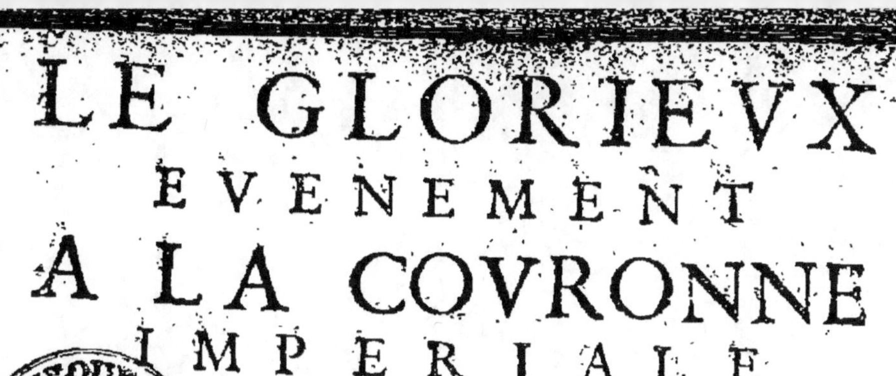

DE DIEV DONNÉ A PRESENT regnant, predit par plusieurs Saincts Peres, Sybilles, Michel Nostradamus & autres.

Auec vne partie des aduantages que le Ciel luy prepare contre plusieurs Princes Estrangers, particulierement contre les ennemis de la Foy, pour l'augmentation de l'Eglise Rom. & la gloire de cette Monarchie Françoise.

Reuelatio diuina non debet occultari, sed per maiores reuelari minoribus. *Bemecebus.*

Soluere vinculum ignoranti non est possibile sed his qui Sapientium scripta intellectu sereno viderum Arist. 3. Metaph.

A ROVEN,

Imprimé au despens de l'Autheur,

Par IEAN L'OYSELET & P. DE LA MOTTE, ruë Ganterie, au fer à Cheual.

M. DC. XLVIII.

Auec Permission.

A MONSEIGNEVR
LE MARESCHAL
DESCHOMBERG DVC D'ALVIN, Pair de France, Colonel des Suisses, Gouuerneur des Ville & Citadelle de Mets, Pays Messin, Eueschez de Mets & Verdun, seul Lieutenant general pour le Roy en Languedoc.

MONSEIGNEVR,

L'Homme dont la passion ne trauaille que pour la Renommée, tend à se faire cognoistre : mais non pas à le comprendre dans le fonds de sa capacité ; C'est vne adresse qui n'appartient qu'aux Heros de se faire admirer en leurs entreprises. Plusieurs ont paru dans le Champ de Minerue pour combattre à mes-

EPISTRE.

me fin, lesquels n'ont peu paruenir au but
de leur attente : d'autant, comme dit ce grand
Poëte, Il ne faut iamais rien entreprendre
contre le gré de Minerue. Il est vray aussi que
sans l'assistance de plusieurs Autheurs & In-
terpretes ie n'aurois iamais fait paroistre en
public les faits Heroïques des François sous
le Tiltre du Glorieux Euenement à la
Couronne Imperiale de Sa Majesté,
predit par plusieurs Saincts Peres, Sybilles,
& Michel Nostradamus, lequel à fait plusieurs Propheties, contenant tout ce qui doit
arriuer de plus remarquable par tout l'Vniuers, depuis le quatorziéme du mois de Mars
de l'Année 1557. iusques au septiéme Mille-
naire, plus particulierement en l'Europe, en
l'Afrique, & en vne partie de l'Asie, à l'aduantage neantmoins, honneur & gloire de sa
Majesté, qui subiuguera presque toute la Terre.
Enuiron l'An soixante il doit remettre aussi
la Foy Chrestienne par tout l'Vniuers, particulierement en la Terre Saincte, en la Syrie,

EPISTRE.

Iudée, & en la Palestine ; C'est vn aduantage que les Roys de France ont sur tous les
Monarques du Monde, sur lesquels Sa Majesté se fera voir de mesme que le Soleil par
dessus tous les Astres. Il n'y aura aucun Monarque si puissant qu'il soit qu'il ne face flé-
chir sous ses Loix. La Mer arrestera ses flots,
de mesme qu'à ce Grand & incomparable
Cesar. Et Louys le Iuste pendant le siege de
ceste ville presque imprenable de la Rochelle,
ses Conseils seront suiuis auec plus d'ardeur
que ceux d'Alexandre. En fin ie vois venir
vers Sa Majesté Tres Chrestienne vn grand
nombre d'Ambassadeurs des quatre parties
du Monde pour luy offrir & demander à
mesme temps toute sorte de secours pour s'op-
poser aux desseins des ennemis du Christianisme, d'autant que comme la France a esté
de tout temps la terreur des ennemis de la
Foy, & l'appuy de l'Eglise Chrestienne. Il
faudra que toutes les Nations du Monde se
rengent sous ses Loix. Ce n'est pas en la mul-

EPISTRE.

titude des gens, MONSEIGNEVR, que la
Force consiste seulement, il faut qu'elle vienne
d'enhaut, comme dit la Sapience : Non in
multitudine victoria belli, sed fortitu-
do de Cœlo est. C'est pourquoy Sa Majesté
Tres Chrestienne nous a esté donnée du Ciel
pour extirper les ennemis de la Foy, & faire
fleurir vn iour l'Estendard de la Croix par
tout l'Vniuers. Vostre Grandeur sçait trop
mieux qu'vne Monarchie est vn corps com-
posé de plusieurs membres, & que les Roys en
sont les Chefs : de mesme que la pierre du pi-
nacle d'vn Temple, apres laquelle tout l'edi-
fice demeure stable & affermy, vostre Grandeur y a beaucoup contribué, comme estant vn
des principaux membres de ceste Monarchie
Françoise, non seulement pour l'affermir : mais
encore pour l'augmentation d'icelle, tesmoin ce
terrible & incomparable combat que vostre
Grandeur rendit pendant cinq heures deuant
le siege de Leucate pour arrester le dessein de la
Maison d'Austriche, laquelle se promettoit par

EPISTRE.

la conduite de ces Grands Capitaines Ceruelon
& Comte Duc, deuorer la Prouince de Languedoc, & l'enuelopper sous les aisles de son
arrogance, contre lesquels vostre Grandeur
fit paroistre sa Generosité par trois diuerses
attaques, dont la terreur fut si grande, & l'espouuente si forte, que la plus grande partie de
ceste Armée fut taillée en pieces, & n'eust esté
l'asile de certains vaisseaux qui leur furent en
quelque façon fauorables pour leur fuite, le tout
auroit esté mis à feu & à sang. On recogneut de
plus en ceste deffaite la Grandeur de vostre
Generosité estre d'autant plus glorieuse de ce
que ce puissant ennemy s'estoit si puissamment
fortifié par de fortes murailles de pierre, qu'a-
yant circonuolu le Fort de Leucate, c'estoit ren-
du presque inexpugnable. Vous n'ignorez pas
aussi, MONSEIGNEVR, que ie ne fusse
tesmoin de ceste action glorieuse en laquelle ie
remarqué qu'en la premiere attaque que
vostre Grandeur fit contre ceste Armée, les
ennemis firent si grande resistance & vne si

EPISTRE.

furieuse descharge de coups de canons & de
mousquets qu'une partie de nostre Armée
tourna le dos : Mais vous voyant combattre
au milieu d'un Escadron de Caualerie des ennemis elle se remit, & donna si furieusement
contre eux, qu'il en demeura plus de trois mille
morts sur la place ; en fin ceste action se passa
auec autant de Generosité & de gloire, qu'il
est comme impossible au plus disert Escriuain
d'en faire le rapport au iuste poinct. Ie ne
m'estonne pas aussi si la plus part des hommes
creurent que c'estoit plustost un miracle qu'u-
ne action humaine : Ie la dis glorieuse & ma-
gnanime, d'autant qu'il est presque impossible
de monter plus haut dans la gloire ; Ie suis
marry que la briefueté qui est prescrite à une
Lettre, ne me permet de rapporter icy le reste de
vos actions Illustres, comme de cette grande
defaite des Lorrains deuant Rouuré, de ce que
vous fistes à la Rochelle, Salces, Perpignan,
& autres lieux, où vostre Grandeur se fit
couronner de tant de gloire & de reputation

qu'il

EPISTRE.

qu'il est impossible de faire mieux. Parle qui voudra, ie ne vous flatte point : c'est la verité mesme, puis que le Roy la recogneut telle qu'il vous honora du Baston de Mareschal de France : de maniere qu'il ne sera pas hors de propos que l'on sçache aussi l'estime que le Roy faisoit de vostre Grandeur, laquelle est beaucoup plus precieuse que le vulgaire ne pense : Car à mesme temps que le Courrier que vous enuoyastes à Sa Majesté ne luy eust pas fait le recit de cesté deffaite d'Espagnols, qu'il dit tout haut qu'il ne s'en estonnoit point, d'autant que vous auiez esté instruit de vostre ieunesse dans son Escolle auecques luy; il n'appartient aussi qu'aux Sages de bien mesnager l'estime que l'on fait des personnes Illustres comme Louys treize; en fin toute chicheté en monnoye d'applaudissement est genereuse. Et au contraire les prodigalitez d'estime meritent d'estre chastiées par le mespris. C'est pourquoy, MONSEIGNEVR, ie vous supplie tres-humblement de pardonner ma

B

EPISTRE.

temerité, & la hardieſſe que i'entreprends de vouloir rapporter en public vne partie de vos hauts faits, moy indigne : Mais le zele que i'ay de vous ſacrifier mes trauaux, m'obligent de le faire, & proteſter publiquement que ie ſuis plus que nul autre,

MONSEIGNEVR.

Voſtre tres humble, tres-affectionné,
& obeiſſant ſeruiteur MENGAV.

AV LECTEVR.

A M y Lecteur, Tu dois sçauoir comme Dieu a soufmis toutes choses en la puissance de l'homme, pour la conduite desquelles luy a donné la veritable science, par laquelle il cognoit non seulement la disposition des choses celestes & terstres, mesmes la nature des animaux; la force des vents, & les pensées des hommes. C'est par la Sapience chap. 7. que tu en seras plus amplement edifié, & par le Prophete Royal chap. 8. qui dit: Que Dieu a constitué l'homme pour la conduite de ses ouurages, lesquels il luy a soufmis en sa puissance. Neantmoins il y en a qui ont voulu dire le côtraire, disant que ce n'est pas à nous de iuger du temps que Dieu à prescrit aux hommes, parce qu'il depend tout à fait de sa diuine prouidence, comme dit S. Matthieu chap. 24. *Neque Angeli, neque Filius, sed solus Pater, &c.* Non pas mesmes les Anges, ny le Fils, il n'y a que le Pere Eternel qui le bornera, & luy fera prendre fin quand il luy plaira. Mais quand aux Euenemens qui arriuent par les causes secon-

des, cela se peut: toutesfois non determinément, parce qu'ils sont tousiours en la puissance de Dieu comme cause premiere. C'est
pourquoy ie me pourrois tromper en mes su-
putations; outre que Nostradamus qui a parlé fort obscurément dans ses Propheties, à
peine en peut-on tirer vne intelligence cer-
taine. que iusques à ce que les choses sont
arriuées ; Il a parlé si obscurément dans ses
Propheties, à ce qu'il dit dans la premiere
Epistre de son liure, en partie pour ne mettre en discorde plusieurs Familles, Royaumes, & Principautez, desquels il a preueu
leur ruine, outre le mespris que les ignorans
feroient de ses Predictions contre lesquels il
a fulminé cette Sentence : Ne donne point
les choses Sainctes aux chiens, ny les choses
Precieuses aux pourceaux, de crainte qu'ils
ne les méprisent, & les foulent sous les pieds,
Il n'y a aussi que les ignorans qui mesprisent
d'ordinaire les Sciences, sous ombre qu'vn
particulier aura erré en quelque poinct, ne
considérant pas la Prouidence de Dieu, qui
surpasse la Science des Astres, & celle des
hommes ; outre encor qu'il n'y a rien deter-
miné en la volonté de l'homme qui est chan-
geante & variable. Et de plus les Astres
n'ont point de pouuoir que sur les choses

AV LECTEVR.

terreſtres; deſquelles l'homme en eſt excepté
parce que l'ame raiſonnable qui eſt en l'homme à quelque choſe de plus noble que les
Cieux qui ſont corporels, & comme tels ne
peuuent agir ſur les ames qui ſont ſpirituel-
les, en telle ſorte que les Cieux ne peuuent
changer la volonté de l'homme ſi ce n'eſt
indirectement inclinant; Il y a bien des choſes determinées, mais en quelque façon fail-
libles, leſquelles dependent de la volonté humaine par l'influence des Cieux, d'autant
que la Nature de l'hôme & my-partie proue-
nante des deux, ſçauoir; de la celeſte qui fait
l'ame intellectuelle & immortelle, & de la
terreſtre qui fait le corps caduque & mortel;
& de là l'on voit deux principes qui ſont en
l'homme, dependans de l'influence des Cieux
& de la volonté. Car c'eſt ainſi qu'vn veritable Chreſtien doit reſoudre & terminer ſes
penſées ſur les choſes futures. En fin &
à celle fin que ie ne t'ennuye pas d'auantage,
ſi tu iuges qu'il y ait quelque choſe en mes
eſcrits qui ne ſoit pas ſelon ton gré, ou contraire à la raiſon: Ie te prie de croire que i'ay
fait tout mon poſſible pour agreer aux
plus curieux. Ie ſçay bien que les choſes futures ſont tres difficiles à preuoir; Neantmoins i'ay voulu tenter minerue pour en

auoir quelque cognoiſſance pour ſatisfaire les plus curieux; Que ſi tu conſideres de bien pres la difficulté qu'il y a de reſoudre, ou terminer le temps des choſes futures, tu trouueras qu'il faudroit auoir l'eſprit angelique deſtaché de la chair d'ignorance, parce qu'il n'y a que Dieu ſeul qui les puiſſe terminer au iuſte poinɥt de leur fin. Et comme dit ſainɥt Ambroiſe : *Quod omne verum à quocunque dicatur à Spiritu ſanɥto eſt.* Toute verité de quelle part elle ſoit dite touſiours elle poſſede du ſainɥt Eſprit. C'eſt pourquoy ie te prie de conſiderer que ie n'ay point l'eſprit Angelique, mais d'vn homme enclin au peché. Et comme tel ie me pourrois tromper, ſoit en mes ſupputations, qu'en mes iugemens; Que ſi tu es raiſonnable (comme ie crois) tu ne me condamneras point auec paſſion : car auſſi bien tu n'es qu'vn homme non plus que moy.

LE GLORIEVX
EVENEMENT A LA
COVRONNE IMPERIALE
de sa Majesté.

LEs Historiens ont remarqué du temps d'Auguste qu'il arriua plusieurs prodiges qui menaçoient l'vniuers d'vne infinité de guerres & trahisons, entre autres les statuës de Rome, suerent les vnes de l'eau, les autres du sang, on ouyt des cris effroyables, & des bruits d'armes & de cheuaux, sans qu'on veist paroistre vn seul homme au Ciel, on veit à l'entour du Soleil côme de nouueaux Astres, la foudre tomba dans les Temples, laquelle brusla plusieurs images des Dieux, il y eut des loups qui entrerent dâs la ville de Rome qui allerent iusques à la grand place, on adiouste encores qu'il y eut vn bœuf qui

par là, & que le Ciel donna mil autres fignes
de fon courroux, le Sénat eftonné de tant
de prodiges, enuoya en Tofcane pour con-
fulter les Oracles & les Deuins, dont le plus
ancien de ceux aufquels les Ambaffadeurs
s'adrefferent prenant la parole leur declara
que fes prodiges fignifioient que Rome
deuoit derechef tomber fous la puiffance
des Roys, & qu'ils y domineroient comme
ils auoient fait auparauant, Nous auós trouué qu'il arriuera quafi le méfme pendant ce
fiecle, pour caufe de la conionction qui fe
fit de Saturne auec Iupiter l'Année fix cens
quarante trois, laquelle nous prefage le re-
nouuellement de l'Empire, non feulement
celuy des Romains, mais encores celuy des
Turcs, ainfi que nous ferons voir par la fuite
des Predictions & Propheties des Sainéts
Peres, Sybilles, Michel Noftradamus &
autres, le tout *falua Minerua.*

Tous les Aftronomes demeurent d'accord
qu'on n'a iamais veu le retour & conionction
de Saturne auec Iupiter qu'il n'y ait eu changement d'Empire, par vn defordre general
qui fe fit par toute la terre, tefmoin celuy
qui fe fit au commencement du premier
aage du monde qui preceda le Deluge vni-
uerfel, lequel fe fit fous le figne des Poiffons.
La

La deuxiéme conionction qui se fit fut sept cens quatre vingts quinze ans, apres laquelle presagea la fin de la Monarchie des Asiriens, celle des Parthes, l'Empire des Perses l'an quarante huit du regne d'Ozias, & la premiere Olympiade, la fin des Lacedemoniens, & peu apres la fondation de Rome par Romulus.

Il s'en fit encore vne autre du temps de l'establissement de la loy de Mahomet en l'Orient, tandis que tout le monde estoit en armes, signifiant aussi la nouuelle Monarchie en France du téps de Charlemagne, les guerres cruelles par toute la terre, & mille autres malheurs que ie teray pour n'estre point importun.

Si bien que celle qui se fit l'année 1643. n'est pas moins considerable que les precedentes, laquelle nous presage la guerre vniuerselle par toute la terre, plusieurs reuoltes, emotions populaires, assassins, trahisons, & plusieurs cruautez, tant en cét Emisphere, que sous terre, particulierement aux lieux limitrofes des mers; le chágement de l'Empire Romain; la fin de la Monarchie des Turcs, & autres choses, ainsi que nous ferons voir cy apres. Mais auparauant cela nous ferons voir que l'on n'a pas donné ce digne &

venerable Nom de Dieu donné à sa Maiesté,
qu'il n'ait esté predit de tout temps, ainsi
que Nostradamus a remarqué dans ses Propheties, Centurie quatriéme, Quatrain quatre vingts treize.

Vn Serpent veu proche du lict Royal,
Sera par Dame nuict chain n'abayeront:
Lors naistra en France vn Prince tant Royal,
Du Ciel venu tous les Princes verront.

Il est tres constant qu'il fut veu vn petit
Serpenteau proche le lict de la Reyne le mesme iour qu'elle se coucha de sa Majesté, lequel presage que sa Majesté surmontera tous
les Monstres de lumieres, c'est à dire, qu'elle
vaincra les plus puissans Monarques du monde, tesmoin S. Metadus Euesque d'Olympe
& Martyr, l'an trois cens deux, au liure qu'il
a fait, *de Consumatione seculi*, cession neuf, dit
qu'au milieu des habitans de la terre de Pro-
mission descendra vn fils d'vn Roy auec main
forte, lequel renuersera à terre les villes &
forteresses qui sont en leurs puissances &
renduës à la mercy du Roy des Romains: ce
qui est conforme à la Prophetie de Nostradamus, Centurie cinquiéme, Quatrain treize,
cy apres notée. Du Ciel venu tous les Prin-

ces verront, c'est à dire, que sa Maiesté nous
a esté donné de Dieu (voila pourquoy on l'a
nommé de Dieu donné.) Nuict chain n'a-
bayeront, c'est à dire, que l'esperance est per-
duë de ceux qui pretendoient à la Couronne
par la Naissance de sa Majesté.

Par grand fureur le Roy Romain Belgique,
Vexer voudra par phalange barbare,
Fureur grinçant chassera gent libique,
Depuis pannons iusques Hercules la Hare.

Il faut entendre par le Roy Romain Belgique de sa Majesté, ce que la France a esté
autresfois diuisée du temps de Cesar en Cel-
tique, Narbonnoise Aquitanique & Belgique, dont la Ville de Paris a esté la capitale
de la Belgique, en laquelle tous les Roys de
France y font d'ordinaire leur seiour , & du
depuis Auguste la distingua en dix sept parties, laquelle diuision a esté du depuis gardée
en France dans l'Estat Ecclesiastique; si bien
qu'il y a grande apparence que sa Majesté
doit bien tost succeder à l'Empire Romain,
& subiuguer celuy des Turcs , puis que l'augure le conçoit sous le nom de Belgique, qui
est proprement la France , ainsi que tous les
Historiens demeure d'accord. *Et par phalange*

barbare, il faut entendre grande armée Turque, ou plusieurs armées, de ce qu'anciennement les Macedoniens separoient d'ordinai-
re leurs armées en bataillons composez de
huit mil hómes qu'ils appelloient Phalanges
& par le mot de Libique, faut entendre aussi
le Turc, qui est vne nation d'Afrique, la plus
inique & iniuste qui soit parmy ceste nation
Turque, comme a remarqué Isidore. Par les
Pannons faut entendre les Hongres, qui
estoient vne nation d'Alemagne presque in-
uincible; ceste terre confronte la mer Norique du costé d'Occident, & du costé du Sep-
tentrion l'Alemagne & le Danube: ceste terre estoit anciennement diuisée en deux parties, en superieure & inferieure. La superieure confrontoit la mer Norique, & du Sep-
tentrion l'Alemagne, & du midy la mer Illi-
rique, dont la ville de Vienne en occupe vne
partie, & du midy l'Esclauonie, c'est auiour-
d'huy l'Hongrie. Par la Hare d'Hercules,
faut entendre la Mesopotamie, qui est vne
terre de l'Asie, où la Hare d'Hercules est assise; & parce que nous auons dit cy deuant, suiuant le dire des Saincts Peres, comme sa Majesté doit remettre la Foy Chrestienne par
tout l'Vniuers, & subiuguer l'Empire des
Turcs. Nostradamus le tesmoigne plus par-

ticulierement dans ses Propheties, Centurie
troisiéme, Quatrain quatre vingts dix sept.

Nouuelle Loy, terre neufue occupée,
Vers la Syrie, Iudée & Palestine,
Le grand Empire Barbare corruer,
Auant que Phebes son siecle determine.

De maniere que cét Augure nous fait esperer que la foy Chrestienne sera restablie
en la Syrie, Iudée & en la Palestine par sa
Majesté, & enuiron l'An cinquante trois
l'Empire des Turcs & Barbares doit estre
mis bas & hors de toute puissance, qu'il faut
entendre par ces mots, *Le grand Empire*
barbare corruer, auant que Phebes son siecle
determine, Il faut entendre par ce mot
de Phebes la Lune, laquelle doit finir son
cours ou siecle enuiron l'An cinquante huit,
de maniere que sa Majesté doit faire succomber l'Empire des Turcs auparauant ladite année cinquante huit, il y a grande
apparence que cela arriuera de la sorte puis
que les Turcs sont desia en campagne du
costé d'Italie qui en font la disposition.
La Sybille Grecque parlant de la ruine
des Turcs, dit qu'vn Roy de France, de
Grece & des Romains, l'espace de sept ans

deliurera les Chrestiens de la seruitude des
Sarrazins, ayant toute puissance sur cette
Nation, ce qui est conforme à la Centurie
dixiéme de Nostradamus, Quatrain cent vn.

Quand le fourcheu sera soustenu de deux paux
Auec six demy cors & six cyseaux ouuers,
Le tres puissant Seigneur heritier des crapaux
Alors subiuguera sous soy tout l'Vniuers.

Il faut entendre par le fourcheu & deux
paux la lettre M. qui veut dire mil, par les
six cors six lettres C. ou six croissans, qui
font six cens, par les six cyseaux ouuers six
X. qui font soixante, & par le Seigneur
heritier des crapaux sa Majesté, de ce que
le premier Roy de France Pharamond auoit
pour armes ou deuise trois crapaux qui furent changez en fleur de lys, duquel sa Majesté en qualité de Roy de France est le vray
successeur & heritier, laquelle suiuant le dire de la Sybille Grecque & la presente Prophetie doit subiuguer toute la terre enuiron l'an soixante, pendant lesquelles sa Majesté triomphera sur cette nation Turque,
tout cecy est conforme à la Prophetie de
sainct Seuerin Euesque de Coulongne, qui
dit : se leuera vn Roy du tres Noble lys

de France, qui ruinera tous les tyrans, surmontera les Turcs & Barbares, & sera seul Seigneur de toute la terre, conformément au sixain treize de la Centurie onziéme dudit Nostradamus.

> *L'aduanturier six cens & six ou neuf*
> *Sera surpris par fiel mis dans vn œuf*
> *Et puis sera ors de puissance*
> *Par le puissant Empereur general,*
> *Qu'aa monde n'est vn pareil ny esgal*
> *Dont vn chacun luy rendra obeissance.*

Ie n'ay point expliqué ce mot d'auanturier, parce que celuy qui est comprins sous ce nom en aye la cognoissance d'autāt qu'il est ennemy de l'estat lequel se pourroit preualoir de quelque aduantage, & de l'accident dont il est menacé de succomber à la gloire de la France.

Leon Clauius au liure qu'il a fait de *Anti Christo* chapitre huitiéme, dit que les Mahometans tremblent & sont en grande apprehension de leur ruine, lisans ces mots au liure de leur Prophete, Au dernier temps il arriuera que les Musulmans se deuoyeront des Loix du Prophete, alors l'espée Chrestienne se haussera & les chassera de leur

Empire, ce qui eſt conforme à la Prophetie de Noſtradamus, cy deſſus nottée Centurie troiſiéme, Quatrain 97. qui dit: *Le grand Empire Barbare corruer, auant que Phebes ſon ſiecle determine.*

Sainct Bemecobus rapporte par ſainct Hieroſme, au liure qu'il a fait, *De viris Illuſtribus*, que le Roy de la Nation Chreſtienne de France ſe leuera, & par luy les enfans d'Iſmael ſeront mis au trenchant de l'eſpée en toute tribulation, & les mettra entre les mains des Chreſtiens, & par le ſeul moyen de ce Roy des François, ſera la paix & vne grande ioye *par tout l'Vniuers*, ceſte Prophetie ſe trouue conforme à la Centurie quatriéme dudit Noſtradamus, Quatrain cinquante, qui dit : Quand le Roy de France ſera vny auec l'Eſpagne, la paix ſera vniuerſelle par tout l'vniuers, particulierement entre les Chreſtiens, pour lors il fera trembler les plus puiſſans Monarques du Monde.

Croix, Paix, ſous vn accompli diuin verbe,
L'Eſpaigne & Gaule ſeront vnis enſemble:
Grand clade proche & combat tres acerbe
Cœur ſi hardy ne ſera qui ne tremble.

Cét Augure nous donne de grandes eſperances par le moyen de la nouuelle alliance
qui

qui se fera de la fille d'Espaigne auec nostre
Roy. Premierement elle nous promet la
Paix vniuerselle par tout le Christianisme; &
par ceste alliance la France renforcera ses
forces de telle sorte, qu'elle fera trembler les
plus puissans Monarques de l'Vniuers. Il est
vray dit l'Augure qu'auparauant il se fera
vne grande bataille contre les Turcs qui auront assiegé Rome. Le Turc estant battu par
sa Majesté il n'y aura Monarque qui ne tremble & ne redoute les Armes de France, qu'il
faut entendre par ces mots : *Cœur si hardy ne
sera qui ne tremble.* Il faut entendre aussi par
grand clade, grand bruit & grand armée,
d'autant que les Turcs font d'ordinaire grãd
bruit pour donner de l'espouuente à ceux
contre lesquels ils combattent. Faut-il que
ie dise contre mon gré que ceste paix tant
desirée nous soit retardée pour cause de nos
demerites, bien qu'il y a de grandes disposi-
tions dans le Ciel pour la presente année, de
laquelle il ne se faudra pas beaucoup resiouïr
en cas elle se face, parce qu'elle sera de peu
de durée, dit Nostradamus en la Genturie
Premiere, Quatrain 92. *Sous vn la Paix par
tout sera clamée: mais non long temps pille & re-
bellion.* Et parce qu'il y en aura qui ne tiendront point les pactes portez par icelle, à ce

D

que Nostradamus nous dit en la Centurie
sixiéme, Quatrain 64. qui dit: *On ne tiendra
pache aucun arresté*, dequoy il ne se faudra pas
beaucoup estonner, parce qu'on n'a iamais
veu siecle si peruers où il y ait tant de perfi-
dies & de desloyautez parmy les hommes
d'apprefent, qui ne tiédront point parole de
ce qu'ils promettront, à ce que Nostradamus
nous asseure par la Centurie sixiéme, Quatrain 64. *Tous receuans iront par tromperie.* Bien
qu'il soit dit par le traicté de paix, que Nostradamus nous fait esperer par la mesme
Centurie, qu'il sera permis de negocier tant
par mer que par terre. *De Paix & tréue, terre
& mer proteste.* Neantmoins il y en aura vn qui
faussera sa foy, & ne tiendra point parole de
ce qu'il aura promis, dequoy Nostradamus
nous aduertit par la Centurie 4. Quatrain 22.
La foy promisse de loin sera faussée. Il est vray
aussi à ce que Nostradamus nous promet par
la mesme Centurie, que celuy qui rompra la
Paix sera despoüillé de la plus grande partie
de ses Estats, iusques à tel poinct qu'il sera
mis en chemise. *Nud se verra en piteux desarroy.*
A cause dequoy Nostradamus donne aduis
au Roy de France, en cas il fera la paix de ne
licencier point toute son armée, parce qu'elle luy sera besoin dans peu de temps apres

La grand copie qui sera dechassée, dans vn moment fera besoin au Roy. Quand ie considere la benignité de Iupiter, i'ose bien dire que nous aurons la paix cette presente année. Mais quand ie considere la conionction qui se fit de Saturne auec Iupiter en l'année 643. i'ose dire aussi que nous ne l'auront point, parce que Saturne est beaucoup plus malicieux que Iupiter, outre que ladite conionction, à ce que disent tous les Iudicieres nous presage la guerre vniuerselle par toute la terre ; outre que les hommes de soy sont plus enclins au mal qu'au bien. C'est pourquoy nous pouuons dire auec Nostradamus, Centurie 9. Quatrain 52. *Que la guerre nous est plus asseurée que la paix,* quoy qu'elle se fasse entre Chrestiens, que iusques à l'année 1650. laquelle pour lors sera stable entre les Chrestiens : mais elle continuera iusqu'à l'an 60. contre les infidelles. Dieu vueille que cela arriue de la sorte pour l'augmentation de l'Eglise Chrestienne, dequoy ie fais doute, si Dieu n'y met la main par sa grace. *La Paix s'approche d'vn costé, & la guerre oncques ne fut la poursuite si grande.* Ce qui me console d'ailleurs, c'est qu'il ne sera pas fait grace ny misericorde à celuy qui rompra la paix , bien qu'il la demandera apres. Pour cét effet plufieurs Monarques s'y employeront, mais en vain, s'ils ne fe foufmettent les premiers fous l'obeiffance de la France, à ce que Noftradamus dit en la Centurie 8. Quatrain 2.

Plufieurs viendront & parleront de paix,
Entre Monarques & Seigneurs bien puiffans,
Mais ne fera accordé de fi pres
Que ne fe rendent plus qu'autres obeiffans.

C'eft grande pitié de voir tant de diffimulations parmy le genre humain de ce fiecle (non c'eft pluftoft hypocrifie) fous les apparences d'vne verité diffimulée: Car ceux qui demanderont la paix feront partialifez en leurs ames, lefquels ne tendront qu'à furprendre fon prochain, penfez vous amy Lecteur, fi l'on demandoit la paix à Dieu de bonne grace & d'vn cœur loyal, qu'il nous la refufaft ie ne le penfe pas, la demander les armes au poing, c'eft le choquer : C'eft ce que Noftradamus à preueu dans fes Propheties, Centurie huitiéme : Quatrain quatre.

Beaucoup de gens voudront parlementer,
Aux grands Seigneurs qui leur feront la guerre:
On ne voudra en rien les efcouter,
Helas! fi Dieu n'ennoye paix en terre.

Comme toutes choses sont en la puissance de Dieu, en vain les hommes se forcent de se destruire les vns les autres, car bien souuent il arriue à celuy le mal qu'il pretend faire à son prochain : C'est pourquoy ie diray ce que la saincte Iudith dit vn iour à Ozias Prince de l'Eglise de Bethulie, lequel demandoit la paix & du secours à Dieu auec condition de ieusner, si Dieu les deliuroit des mains d'Olophernes, qui auoit iuré la ruine du peuple de Bethulie ; le peuple estant vn iour assemblé à la place publique suiuant la coustume du Pays, pour deliberer ce qu'ils deuoient faire pour se deffendre contre Olophernes, la saincte Iudith estant aduertie de cette assemblée fut protester au Prince Ozias en luy disant comment dit-elle, est-ce ainsi que vous composez auec Dieu, comme auec les hommes? (non dit elle à mesme temps) il se faut soufmettre tout a fait à sa misericorde, & de fait Dieu les deliura miraculeusement par l'intermise de cette saincte Iudith, ie vous asseure qu'il en sera fait quasi le mesme de nous, Dieu nous donnera la paix, dés lors que nous y penserons le moins, pourueu toutesfois que nous nous soufmettions à sa misericorde à l'imitation de la saincte Iudith, & non pas auec condition comme le peuple de Bethulie : mais d'vn cœur simple & sincere, car en ce faisant ie vous asseure qu'il nous donnera la paix tres asseurée en l'année cinquante, pour l'augmentation de sa gloire, toutesfois i'espere que Dieu nous la donnera pluftoft par sa grace : Courage bons François elle nous eft asseurée, Dieu donne bien fouuent ses graces par l'intermife de quelque caufe feconde , & de fait ie preuois auec Noftradamus , Centurie onziéme fixain quarante neuf , que Dieu nous donnera la paix par l'intermife de l'Alliance qui fe fera de la fille d'Efpagne auec noftre Roy ; Mais fe fera vne paix durable entre Chreftiens reprefentée par l'Oliuier en ce qu'il dit.

Venus & Sol Iupiter & Mercure,
Augmenteront le genre de Nature:
Grande alliance en France fe fera,
Et du midy la fangfuë de mefme,
Le feu eftaint par ce remede extréme
En terre ferme Oliuier plantera.

Il faut entendre par la *fangfuë* le Roy d'Efpagne, de ce qu'il a fuccé les terres de ses voifins, qu'en fin il faudra qu'il les rende,

par l'*Oliuier* faut entendre la paix , c'eſt vn
mot aſſez cogneu pour la paix , par le *feu*
faut entendre la guerre , & par le remede
extréme, le mariage qui ſe fera à toute ex-
tremité, pour le ſurplus il eſt aſſez intelligible, de maniere qu'il ne ſe faut pas beaucoup tourmenter ny inquieter l'eſprit de
l'euenement du temps , pourquoy la guerre
& non la paix , Il me ſouuient eſtant vn iour
en Italie d'vn repart que ie vis faire fort à
propos à vn certain qui s'inquietoit l'eſprit
des affaires de la Republique, qui n'eſtoit nõ
plus conſideré aux affaires de la commu-
nauté que ie le pourrois eſtre aux affaires
d'eſtat, *del tempo ne della ſignoria non te faſtidio,*
Charles Quint quelque temps auparauant
ſa mort laiſſa vn memoire en forme de te-
ſtament à Philippe ſon fils par lequel luy
donnoit les ordres qu'il deuoit tenir pour ce
maintenir dans l'eſtat & conſeruer ce qu'il
luy auoit acquis , & entre toutes choſes il
luy recommandoit fort particulierement de
ne iamais rien entreprendre contre la Frãce,
d'autant qu'il auoit reconeu que Dieu la pro-
tegoit, ce n'eſt pas par cette authorité que
ie veux affirmer la protection que Dieu a
de la France, il y a pluſieurs Saints Peres qui
en ont eſcrit & fait de grands volumes, ie me

contenteray de dire seulement que les Roys
de France sont les veritables Oingts du Seigneur, & successeurs du Roy Dauid, pour
extirper les heresies, & proteger l'Eglise
Chrestienne, en vain Dieu auroit enuoyé S.
Michel à la France pour son protecteur. Car
tout ainsi qu'il chassa des Cieux les Anges
Apostats; de mesme les Roys de France ont
chassé les ennemis de la Foy, qui ont voulu
entreprendre sur l'Eglise Romaine. Nous
voyons maintenant vn grand preparatif que
le Turc fait contre les Chrestiens, & par con-
sequent contre l'Eglise Romaine. Ie vous
laisse à penser si le Roy de France permettra
qu'il aduance d'auantage. (Non) d'autant
que comme nous auons dit que les Roys de
France ont tousiours chassé les ennemis du
Christianisme. Louys XIV. n'en fera pas
moins. *En vain l'appelleroit-on de Dieu donné.*
Quand à moy, ie le crois vn second S. Michel
tousiours agissant & pensif, qui est vn acte de
grand Meditateur, lequel apres auoir bien
medité l'importance de l'Estat du Christianisme qui s'affoiblit tous les iours, & qui
donne l'occasion à ses ennemis de l'affoiblir
d'auantage, & d'agrandir leur Empire sur
les Chrestiens, qu'en fin nous donnera la
paix: mais comme la paix n'est pas tousiours
en la

En la difposition, ny en la puiffance des hommes, il nous faut recourir à Dieu, qui eft la
paix mefme, le priant d'illuminer les Mini-
ftres de l'Eftat, tant de l'vn que de l'autre par-
ty, qui en ont la difpofition en leurs mains.

C'eft vne chofe prodigieufe de voir tant
de fignes monftrueux, que le Ciel fe prepare
pour nous faire voir, & des Eclipfes extraor-
dinaires, tant du Soleil que de la Lune, partie defquels fe feront fous terre, & des autres
fur noftre Orifon, entre lefquels l'on verra la
Lune tout en fang, & le Soleil tenebreux,
que l'on dira en plufieurs endroits ce que S.
Denys Areopagite eftant à Athenes du temps
de la mort de Iefus Chrift, voyant cefte Ecli-
pfe qui eftoit contre l'ordre de nature, dit
le monde finit, ou la nature fouffre. Il eft
certain auffi qu'il y aura plufieurs Nations
qui fouffriront mille tourmens, particulierement les Chreftiens, à ce que Noftradamus
affeure par la Centurie 8. Quatrain quinze.

Vers Aquilon grands efforts par hommaffe,
Prefque l'Europe & l'Vniuers vexer:
Les deux Eclipfes mettra en telle chaffe,
Et aux Pannons vie & mort renforcer.

En l'année 1650. il y aura quatre Eclipfes,

E

ſçauoir deux du Soleil, qui apparoiſtront
de iour, & deux de Lune qui apparoiſtront
de nuiſt; Nous verrons ceux de la Lune,
mais non pas ceux du Soleil qui ſe feront
ſous terre du coſté du Midy vers les terres
du Magellan. L'vn ſe fera le 24. Octobre
vers les Indes au ſigne de Scorpion enuiron
les 5. heures 27. minutes du matin. Et l'autre ſe fera ſous terre le 30. Auril enuiron les
5. heures 31. minutes du matin, comme nous
auons dit du coſté du Magellan.

Ceux de la Lune ſe verront le 15. May, &
le 7. Nouembre; celuy de May enuiron les
8. heures & demie & 4. minutes apres midy,
& celuy du mois de Nouembre enuiron les
huit heures du matin.

Et en l'année quarante neuf, le Soleil ſe
trouuera en conionction auec la Lune le
troiſiéme Decembre à 12. heures 52. minutes, & la Lune ſe trouuera au 4. degré 11. minutes du Sagitaire, & le Soleil auſſi au meſ-
me degré 41. minutes 59. ſecondes.

L'Eclipſe de l'an 49. nous preſage grande
mortalité & changement de pluſieurs ré-
gnes; & ceux de l'an 50. nous preſagent nouuelle reformation en la Religion pretenduë.
Si du temps de Diocletian qui regnoit en l'an
1366. pluſieurs Chreſtiens ſouffrirent de

grands tourmens & de martyres. L'on verra pendant ce siecle vn nouueau Diocletian en la personne de Sultan Hybrain qui fulminera les Chrestiens par telle cruauté, à ce que Nostradamus dit en la Centurie 2. Quatrain 30. bien plus cruelle que celle des demons, mais plus particulierement contre les Romains.

Vn qui des Dieux d'Annibal infernaux,
Fera renaistre effrayeur des Humains:
Oncques plus d'horreur ne plus pire iournaux,
Qu'aduint viendra par Babel aux Romains.

Nous auons dit cy deuant comme l'Eclipse de la Lune qui arriuera en l'année 49. presage grande mortalité. Ceste signification de mortalité se prend de ce qu'elle sera de couleur de sang. Ie ne m'estóne pas si l'Oracle en parle si souuent dans ses Propheties, qu'il nous asseure que le Turc ne fera point de graces aux Ecclesiastiques, contre lesquels il exercera plus de cruautez que contre toute autre sorte de Chrestiens, auec telle inhumanité & effusion de sang, que les ruisseaux des villes qu'ils prendront couleront comme de l'eau quand il pleut abondamment, si Dieu n'a pitié de son peuple, à ce que Nostrada-

mus dit par la Centurie huitiéme, Quatrain 98.

Des gens d'Eglise fang fera efpanché,
Comme de l'eau en fi grande abondance:
Et d'vn long temps ne fera reftanché,
Vévé au Clerc ruine & doleance.

S'il falloit d'efcrire icy toutes les cruautez qui fe preparent contre les Chreftiens,
Ie vous affeure qu'il y en a en fi grand nombre pour en faire des grands volumes tous
entiers, ie me contenteray de dire que les
pauures vefues & filles innocentes n'en feront pas quitte, pour plus grand tefmoigna-
ge de la cruauté que ce peuple Turc exercera
côtre toute forte de Chreftiens, ils s'en prendront iufques aux chofes inanimées, qui por-
teront figure ou femblance de Iefus Chrift
crucifié, & autres fimulacres qui fe trouue-
ront dans les Temples, lefquels ils brufleront
à ce que Noftradamus affeure par la Centurie huitiéme, Quatrain octante.

Des innocens, le fang de vefue & Vierge,
Tant de maux faits par moyen fe grand Roge:
Saincts fimulacres trempez en ardant Cierge,
De frayeur crainte ne verra nul que bouge.

L'Augure dit de plus fort par ce mesme
Quatrain, que la terreur sera si grande, &
l'épouuente si forte de voir tant d'inhumanitez, bien que l'on voye brusler les Images &
dissiper les Reliques des Eglises, on n'en dira
mot, de crainte que le tourment ne reuint
sur soy. Les cruautez seront si grandes contre les Chrestiens, que i'en fremis & en tremble: Mais ce qui me console quelque peu, c'est
qu'apres que le Turc aura exercé toutes ses
inhumanitez contre les Chrestiens, nostre
bon Roy en fera la vengeance par telle furie
qu'il chassera cette nation bien auant dans la
Mesopotamie auec telle cruauté, que s'ils
bruslent nos Simulacres on leur bruslera &
rostira tous vifs leurs Generaux d'armée sur
les Masts des Nauires; qu'en fin toutes ses
cruautez obligeront nostre bon Roy, comme
nous auons dit cy deuant, d'en faire la vengeance, ainsi que Nostradamus asseure par la
Centurie cinquiéme, Quatrain treize.

Par grand fureur le Roy Romain Belgique,
Vexer voudra par Phalange barbare
Fureur grinçant chassera gent Libique,
Depuis Pannons iusques Hercules la Hare.

De maniere que nostre bon Roy les chassera de toute la terre des Chrestiens iusques

dans la Mesopotamie ; ou la Hare d'Hercules est assise comme nous auons dit cy deuant.

Toutes les Eclypses &autres prodiges que
nous verrons arriuer iusques en ce temps-là
ne presageront pas seulement ces cruautez
qu'ils presageront encores, nouuelle reformation en la Religion pretenduë, enuiron
l'an cinquante, & la mort de plusieurs Princes & grands Monarques tant de l'vn que
de l'autre sexe, mesmes de grands person-
nages Ecclesiastiques, mais comme il n'est
pas permis d'en faire la description, les curieux pourront voir ce qué l'Oracle en dit,
par le Quatrain 68. de la Centurie troisiéme, par le sixain 58. de la onziéme, par le
Quatrain 77. de la troisiéme, & par le
Quatrain 54. de la sixiéme Centurie, qu'en
fin la France sera obligée de faire de nouueau deux puissantes armées, l'vne par mer
& l'autre par terre, pour receuoir la plus
heureuse Princesse de l'Vniuers, non pas
comme Royne mais comme Imperatrice,
& la plus grande de tout l'Vniuers ainsi que
Nostradamus nous fait esperer par la Centurie quatriéme, Quatrain deuxiéme.

Par mort la France prendra voyage à faire,
Classe par mer marcher monts Pyrenées:
Espaigne en trouble, marcher gent militaire
Des plus grands Dames en France emmenées.

Il ne faut pas trouuer estrange si nous auons dit cy deuant comme la fille d'Espaigne sera menée en France comme Imperatrice, & la plus grande de tout l'Vniuers. Sainct Augustin au liure qu'il a fait de *Anti Christo* cession neuf dit, tant que les Rois de France regneront, l'Empire Romain durera, & au dernier temps vn Roy de France dominera, & tiendra tout l'Empire Romain, Nostradamus en la Centurie cinquiéme, Quatrain cinquante, dit conformément à la Prophetie de sainct Augustin que quand les freres du lys seront en aage l'vn d'eux sera Roy des Romains, pour lors les Alpes & terres d'Italie seront en grande destresse & tribulation.

L'An que les freres du lys seront en aage,
L'vn d'eux tiendra la grande Romanie,
Trembler les monts, ouuert Latin passage,
Pache marcher contre fort d'Armenie.

C'est vne disposition à l'euenement de
l'Empire Romain, d'autant que les Romains
seront en grande tribulation pour cause que
les Turcs les tiendront assiegez vn long
temps, & parce qu'ils ne pourront pas resister à ceste nation ils appelleront le Roy de
France à leur secours, lequel leur donnera Monsieur le Duc d'Anjou son frere pour
leur chef qu'ils esliront pour leur Roy quelque temps apres, comme nous ferons voir
cy apres, mais comme toute l'Italie sera en
armes laquelle ne pourra resister, veu la
multitude des armées & gens de guerre que
le Turc aura mis en campagne enuiron l'An
quarante neuf, lequel n'attaquera pas seulement les Italiens, qu'il attaquera les Anglois & les Espagnols. Il faut aduoüer que
l'Oracle a preueu vne infinité de choses bien
estranges qui doiuent arriuer contre les pauures Chrestiens, qu'il n'y aura nation Chrestienne en quelle part qu'elle soit, qu'elle ne
soit affligée de guerre & de peste si Dieu n'a
pitié de son peuple, ainsi que nous ferons
voir cy apres, toutesfois Iupiter protegera
& esleuera la France sur le plus haut thros-
ne de l'Vniuers, à ce que Nostradamus nous
fait esperer par la Centurie neufiéme, Qua-
traincinquante cinq.

L'horrible

L'horrible guerre qu'en l'Occident s'appreste,
L'an ensuiuant viendra la pestilence,
Si fort, horrible, que ieune, vieux, ne beste,
Sang, feu, Mercure, Mars, Iupiter en France.

Bien que toutes les Nations soient affligées par le Turc, la France sera conseruée comme le moyeu d'vn œuf, par dessus toutes les nations du monde ; Aussi elle emporte le prix de douceur & de bonté estant de la nature de Iupiter, qui est vn Planette doux & benin. C'est pourquoy l'Oracle à recogneu les aduantages que les Cieux font esperer à la France sur toutes les nations du monde, qu'elle demeurera auec Iupiter glorieuse & triomphante. Car pour les autres nations, l'Oracle dit : *Sang, feu, Mercure* trouble, *Mars* guerre, & *Iupiter en France*, c'est à dire, dominatrice. Neantmoins il y a quelque bonne augure pour le Roy d'Angleterre, quoy qu'il soit si long temps en trouble auec ses subiets: L'augure luy fait esperer son restablissement par l'intermise de cette nation Turque qui assiegera ou approchera de bien pres la ville de Londres, à ce qu'il dit par la Centurie deuxiéme, Quatrain 68.

De l'Aquilon les efforts feront grands,
Sur l'Ocean fera la porte ouuerte:
Le regne en l'Iſle fera reintegrand,
Tremblera Londres par voile deſcouuerte.

Ie vous aſſeure que les Eſpagnols n'en ſeront pas quittes, non ſeulement du coſté d'Italie, de laquelle ils feront deſpoüillez : mais encores du coſté de la Grenade qu'vn du pays trahira la nation, à ce que l'Oracle nous aſſeure par la Centurie troiſiéme, Quatrain 20. qui dit: *Vn de Cordoüe trahira la contrade.* Et par la Centurie cinquiéme, Quatrain 14. dit comme l'Eſpaigne fera en ſi grand trouble, qu'il craint qu'elle ne tombe en captiuité, ſi la France ne la releue, comme il y a grande apparence, à ce que Noſtradamus aſſeure par ladite Centurie cinquiéme, Quatrain quatorze : *Saturne & Mars en Leo, Eſpagne captiue,* *En Romain Sceptre fera par Coq frappé.* Voila comme la France la deliurera de la captiuité dont elle eſt menacée. Il faut entendre par le Coq la France, quoy que la France faſſe elle ne ſçauroit empeſcher que le Turc ne prenne la Grenade ſur les Eſpagnols, à ce que Noſtradamus aſſeure par la Centurie cinquiéme, Quatrain 55.

De la fœlice Arabie contrade,
Naistra puissant de Loy Mahometique:
Vexer l'Espagne, conquester la Grenade,
Et puis par mer à la gent Lygustique.

Il faut entendre par Lygustique les Genois, ou mer de Genes, pour le surplus il est assez intelligible.

Ie ne me sçaurois empescher que ie ne die encóres quelque autre mot en faueur du Roy d'Angleterre, lequel sera restably en tout ces honneurs & prerogatiues, à ce que Nostradamus luy fait esperer par la Centurie deuxiéme cy dessus notée: mais encóres plus particulierement par la Centurie troisiéme, Quatrain trente trois.

En la Cité ou le Loup entrera,
Bien pres de là les ennemis seront:
Coppie estrange, grands Pays gasteront,
Aux murs & Alpes les amis passeront.

Il faut entendre par le Loup, le Roy d'Angleterre, de ce qu'en Angleterre n'y a point de Loups. Et pour les amis faut entendre les Grecs, qui sont du costé d'Epire, qui sont confederez au Turc, lesquels se iette-ront du costé des Alpes, à mesme temps que

le Turc abordera les Anglois, conformémens
à la Centurie deuxiéme, cy dessus notée.

Nous auons dit cy deuant comme le Turc
ruinera presque toute l'Europe, particulierement le Christianisme, si le Roy de France
ne se met en campagne, & ne s'oppose à ses
desseins, comme i'estime qu'il sera, car autrement il y a grande apparence que tout le
Christianisme seroit perdu, particulierement l'Espagne, l'Italie & l'Angleterre, à ce
que Nostradamus dit en la Centurie vnzié-
mé, sixain quarante six.

Le Pouruoyeur mettra tout en déroute,
Sangsuë & loup en mon dire ne couste:
Quand Mars sera au signe du Mouton,
Ioint à Saturne, & Saturne à la Lune:
Alors sera ta plus grande infortune,
Le Soleil lors en exaltation. ————

Il faut entendre par le Pouruoyeur le Roy de
France, de ce que le premier enfant de France
s'apelle d'ordinaire le Dauphin, & le Dauphin
suiuât les Naturalistes est vn poisson de mer,
lequel pouruoit à la nourriture de la Baleine.
Par cette metaphore l'Oracle entend parler
du Roy de France, sous le nom de Pouruoyeur. Par la Sangsuë, il entend parler du
Roy d'Espagne, de ce qu'il a succé la plus

grande partie des terres de ses voisins. Et par le Loup il entend parler du Roy d'Angleterre, comme il a esté dit cy deuant; qu'en fin l'on voit par toutes sortes de presages, comme le Roy de France mettra tout en déroute: car sans luy tout se perdroit. Guido Fabri interprete des Escritures Sainctes, Grecques, Latines & Syriaques, nous asseure par le Nouueau Testament qu'il dedia à Henry I I I. Roy de France & de Pologne, l'an mil cinq cens quatre vingt trois, expliquant le texte du Prophete Abdias, chap. 8. dit que l'Empire des Turcs doit finir par l'Alliance de France auec l'Espagne. Et la Paraphrase Caldée de Rabi Ionatan, dit que laFrance & l'Espagne vnies ensemble seront Maistresses de toutes les villes du Midy. Ce qui est conforme à la Centurie quatriéme, Quatrain cinquiéme, cy dessus notée : mais plus particulierement à la Centurie vnziéme, sixain trente neuf, en ce qu'elle dit, que sa Maiesté se fera voir par dessus tous les Monarques du monde, de mesme que le Soleil par dessus tous les Astres.

Le pournoyeur du monstre sans pareil,
Se fera voir ainsi que le Soleil,
Montant le long la ligne Meridiene,

En pourſuiuant l'elephant & le loup
Nul Empereur ne fit iamais tel coup,
Et rien plus pis à ce Prince n'aduienne.

Il faut entendre par le Pouruoyeur le Roy
de France, par les raiſons cy deuant dites,
par le monſtre ſans pareil la balaine, qui eſt
le plus gros animal de la nature, car auſſi
il n'y en a pas vn pareil ; par l'elephant faut
entendre le Turc de ce que cét animal croiſt
en ſes terres, ou de ce que le Turc occupe la
plus grande partie de la terre, & comme l'e-
lephant eſt le plus gros animal de la terre,
& le Turc eſt le plus grand terrain : l'Oracle a voulu entendre le Turc par ceſte Metaphore, par le loup il vous a eſté expliqué
cy deuant.

Noſtradamus parlant du Turc dit qu'il
fera grand progrez ſur les Chreſtiens, pour
cauſe de la nonchalance ou negligence des
François, que ſi le Roy de France n'y prend
garde de bonne heure, le Turc pouſſera ſi
auant qu'il s'en prendra contre ſes ſubiéts
qui ſont du coſté de la mer Mediterranée,
non ſans cauſe Noſtradamus dit en la Centurie premiere, Quatrain 18. que tous les
vaiſſeaux qui ſeront ſur la mer Mediterranée
ſe ietteront dans le port de Marſeille pour

euiter la fureur & cruauté d'vn tel peuple
inhumain.

Par la discorde negligence Gauloise,
Sera passage à Mahomet ouuert
De sang trempé la terre & mer se noise:
Le port Phocen de voilles & nef couuert.

Il faut entendre par Mahomet le Turc
du nom de leur Prophete, par le port Phocen la ville & port de Marseille, de ce quelle a esté bastie par deux Grecs ; qui s'appelloient les Phocens ; qu'en fin le Turc fera
de tels rauages du costé de la mer Mediterranée qu'il n'y aura Cité, Bourg, Chasteau,
ne Ville, qui ne soient volées & saccagées,
par ceste nation Turcque conformément
au dire de Nostradamus Centurie dixiéme,
Quatrain quatre.

Depuis Monach iusques auprès de Sicile,
Toute la plage demeurera desolée
Il n'y aura Fauxbourg ; Cité ne Ville:
Que par Barbar pillée soit & volée.

Il faut entendre par Monach la ville &
forteresse de Mourgue, qui est sur le bord de
la mer Mediterranée appartenant à present

à la France, si bien que le Turc fera mille
maux contre les Chrestiens , Dieu vueille
qu'il ne s'aduance pas dauantage comme il y
a grande apparence à ce que Nostradamus
dit, si les François ne s'opposent à leurs desseins.

L'Oracle dit de plus que la Sicile court
grand risque d'estre prise en l'année quarante huit, si les Siciliens n'y prennent garde de bonne heure & ne renforcent leurs armes, parce que les Turcs les surprendront,
lesquels aurõt mis plusieurs armées en campagne à ce que Nostradamus asseure par la
Centurie vnziéme, sixain vingtneuf.

Le Griffon se peut apprester,
Pour à l'ennemy resister,
Et renforcer bien son armée,
Autrement l'Elephant viendra,
Qui d'vn abord le surprendra,
Six cens & huict mer enflamée.

Il faut entendre par le Griffon la Sicile,
de ce que la Sicile a pour armes ou deuise
les aisles & les pieds d'vn Griffon , par l'e-
lephant le Turc , par six cens & huit l'an
quarante huit, que la mer sera enflammée,
c'est à dire, que le Turc aura mis si grand
nom-

nombre de gens de guerre sur mer & de
vaisseaux que nous pourrons dire pour lors,
bellis rubuit naualis æquor.

Il y a grande apparence que le Turc prendra la Sicile à ce que Nostradamus asseure,
d'autant, dit-il, quand le Turc aura prins
la Sicile il ira fondre à la ville de Rome, &
de fait il y a vn augure prins de la Centurie
troisiéme, Quatrain quatre vingts quatre,
qui dit : qu'à mesme temps que le Turc
prendra la Sicile, les Siciliens feront de si
grands bruits & exclamations qu'on les entendra de Paterne qui est vn petit village
assis sur l'emboucheure du Tybre en la mer
Mediterranée.

Paterne orra de la Sicile crie,
Tous les a pres du goulphe de trieste,
Qui s'entendra iusques à la trinacrie,
De tant de voiles, fuy, fuy, l'horrible peste.

Il faut entendre par Paterne que c'est vn
petit village comme il a esté dit cy deuant
assis sur l'emboucheure du Tybre qui passe
à Rome, & va dans la mer Mediterranée
proche ledit Paterne, par la trinacrie faut
entendre les extremitez de la Sicile, d'autant que la trinacrie & la Sicile n'est qu'v-

ne mesme chose, & le gouffre de Trieste est
vn passage de mer qui est entre la Sicile &
la mer Adriatique, ou le Turc fera vne partie de ses assises pour son armée nauale, c'est
le passage que le Turc tiendra à ce que l'O-
racle dit pour aller contre les Romains, lesquels en ce temps là seront en grande tribulation ainsi que ie luy ay enuoyay il y a
enuiron trois ans, en donnant aduis au Pape
de ce qu'il arriueroit en partie contre la ville
de Rome, laquelle sera affligée de grands
torrens d'eau qui les incommodera beaucoup, ne voyons nous pas que le Turc en
fait desia la disposition du costé de Candie,
qu'en fin il les ira voir à ce que Nostradamus
asseure par la Centurie dixiéme : Quatrain
soixante huit.

O vaste Rome ta ruine s'approche,
Non de tes murs, de ton sang & substance:
L'aspre par lettres fera si horrible coche,
Fer poinctu mis à tous iusques au manche.

Bien que Nostradamus par ceste augure
menace la ruine de la ville de Rome, neantmoins elle ne sera point prise, mais seulement assiegée, d'autant que le Roy de France
la secourera & la deliurera des mains de cet

te nation Turque, enuiron l'an cinquante, à ce que Nostradamus asseure par la Centurie vnziéme, sixain quarante deux.

La grand' Cité où est le premier Homme,
Bien amplement la ville ie vous nomme,
Tout en alarme, & le Soldat és champs:
Par fer & eau grandement affligée;
Et à la fin des François soulagée,
Mais se sera de six cens & dix ans.

Il y a encore quelque consolation pour les Romains, puis que leur ville ne sera point prise, qu'il faut entendre par ces mots *non de ses murs, & à la fin des François soulagée, mais se sera de six cens & dix ans,* c'est à dire, quelle sera deliurée des Turcs enuiron l'an cinquante, si cela est il faut qu'elle soit assiegée en l'an 49. par la *grand Cité* faut entendre la ville de Rome, laquelle a esté autres fois la plus grande du monde, & par le premier homme faut entendre le Pape, par fer & eau grandement affligée, c'est à dire, qu'elle ne sera pas seulement assiegée par les gens de guerre, quelle le sera aussi par des grands desbordemens d'eaux, qui luy causeront de grands dommages, & comme dit Nostradamus qu'il y aura quasi des Prouin-

ces toutes entieres qui feront fubmergées
d'eau du cofté d'Italie.

La ville de Rome eftant vne fois affie-
gée par le Turc, il faudra que tous les Preftres qui feront dans la ville prennent les armes pour la deffence d'icelle & de la Religion, pour lors dit l'Oracle l'on ne cognoi-
ftra point les Moynes ny les Preftres fecu-
liers, moins les Abbez, Euefques & Car-
dinaux : d'autant que tous feront foldats à
ce que Noftradamus affeure par la Centurie
cinquiéme : Quatrain foixante & dixfept.

Tous les degrez d'honneur Ecclefiaftique,
Seront changez en dial quirinal:
En Martial quirinal flaminique,
Puis vn Roy de France les rendra Vulcanal.

Pour entendre cét augure l'Oracle dit,
qu'il faut fçauoir premierement comme Romulus fut le premier qu'inftitua l'Ordre de
Preftrife, fçauoir Flamen Dialis, & Flamen
Martialis, & qu'aprés Romulus vint Num-
ma Pompilius, lequel y en adioufta vne autre
forte de Preftres, qu'on appelloit Quirinales,
& de temps en temps les Romains y en ad-
ioufterent iufques au nombre de douze,
qu'ils appelloient du nom de Saliones : car

tout autant qu'ils auoient de Dieux ils aug-
mentoient de Preſtres , auſquels ne leur
eſtoient point permis de ſanglanter leurs
mains : Il arriua neantmoins qu'vn Preſtre
nommé Quirites ſanglanta ſes mains, lequel
fut chaſſé comme Apoſtat : de maniere qu'il
s'en fit vn prouerbe quand vne perſonne
eſtoit contraire à la volonté de l'Empereur;
Ses enfans ou du Senat on l'appelloit du
nom de Quirites , pour dire qu'il eſtoit vn
traiſtre; ſi bien que le Turc aſſiegeant la Ville de Rome , il faudra que les Preſtres prennent les armes , & par ainſi ſanglanteront
leurs mains pour la deffence de la ville, par
ce moyen on les appellera du nom de Quirites. Il y auoit auſſi vne autre ſorte de Preſtres qu'on appelloit Vulcanales , en faueur
d'vn Dieu Vulcan, lequel eſtoit fort fauora-
ble ſur les eaux , ioint les prieres de Iunon,
auquel les femmes mariées des Romains
dreſſoient leurs vœux pour interceder le retour de leurs maris qui eſtoient ſur mer ; de
maniere que la ville de Rome eſtant aſſiegée
par le Turc tous les Preſtres prendront les
armes, comme il a eſté dit cy deſſus, leſquels
changeront leurs bonnets en chappeaux de
Mars , c'eſt à dire , en Heaume, Caſque, ou
Bourguinotte, par ce moyen tous les degrez

d'honneur Ecclesiastiques seront changez: Le Roy de France venant à leur secours auec vne puissante armée battra le Turc, le chassera de l'Italie. Ce fait, fera retirer tous les Prestres en leurs Eglises pour prier Dieu pour la prosperité des armes qui seront sur mer contre les Turcs, qu'il faut entendre par ces mots, *Puis vn Roy de France les rendra Vulcanal.* De ce qu'il a esté dit cy deuant, que les femmes des Romains prioient le Dieu Vulcan, ioint les prieres de Iunon, pour demander le retour de leurs maris qui estoient sur mer ; en telle sorte que l'on voit par là comme le Roy de France sera vn iour le Restaurateur des Romains , & de l'Eglise Chrestienne. Il faut sçauoir de plus qu'à mesme temps que le Turc assiegera Rome, les Romains appelleront le Roy de France à leurs secours, lequel doit estre Empereur immediatement ce temps là à ce que l'Oracle nous asseure, le Roy estant en la ville de Sauonne en Italie ; Et parce que ceux de Pauie, Milan & de Genes n'auront pas voulu consentir que le Roy fut Empereur, se voyans attaquez par le Turc sa Majesté les secourant, seront bien aise pour lors qu'il soit Empereur ; qu'en fin le Roy ayant battu & chassé le Turc des terres d'Italie, les Romains luy demanderont vn Roy, comme nous auons dit cy deuant, lequel comme ie croy, leur sera donné pour Roy Monsieur le Duc d'Anjou son frere, à ce que Nostradamus asseure par la Centurie sixiéme, Quatrain soixante huit.

Crier Victoire du grand Selin croissant,
Par les Romains sera l'Aigle clamé:
Ticcin, Milan & Genes y consent,
Puis par eux mesmes Basil grand reclamé.

Il faut entendre par Selin Croissant, le Turc. Par l'Aigle clamé, l'Empereur sera demandé qui sera le Roy de Fránce, comme nous auons dit. Par Ticcin, faut entendre Pauie du nom d'vne riuiere qui passe à Pauie, qu'on appelle le Tessain. Par Basil grand reclamé, demanderont vn grand Roy, d'autant que Basil qui est vn mot Grec, veut dire Roy, & clamé demandé ou Appellé.

Nous auons dit cy deuant comme sa Majesté deuoit estre bien tost Empereur des Romains, sans en auoir donné l'authorité ny preuue suffisante. Voyons ce que Nostradamus dit en la Centurie cinquiéme, Quatrain sixiéme.

Au Roy langueur fur le Chef la main mettre,
Viendra prier pour la paix Italique:
A la main gauche viendra changer le Sceptre,
De Roy viendra Empereur Pacifique.

Il faut entendre par ces mots au Roy langueur fa Majefté, de ce quelle lãguit & s'im-
patiente bien fouuent quand elle a demeuré
tant foit peu en quelque lieu ainfi que i'ay
veu eftant à fainct Germain en Laye, eftant
à Vefpres lefquelles n'eftoient pas tant foit
peu commencées qu'il s'en vouloit aller,
pour ce faire obeir menaçoit de ce ietter par
terre, fur le chef la main mettre, faut entendre quand le Pape luy mettra la Couronne d'or Imperiale, luy fera pluftoft vne
impofition des mains fur la tefte le Sacrant
& l'oignant des huiles facrées, à mefme tẽps
le Pape le priera de leur donner la paix en
Italie, c'eft à dire, les proteger & les deffendre : à la main gauche viendra changer
le Sceptre, c'eft la couftume des Roys de
porter le Sceptre Royal à la main droite, fa
Majefté eftant Empereur le changera de
main pour prendre celuy d'Empereur à la
main droite, & celuy de Roy à la gauche,
de Roy viendra Empereur Pacifique, c'eft
                                    à dire,

à dire, qu'il sera receû Empereur, & ap-
prouué de tous les peuples auec grand ap-
plaudiffement honneur & gloire, que l'on
dira de la France ce que l'on difoit du temps
de Cefar (yo triomphé) viuë la France
triomphante : Noftradamus nous affeure
de plus fort par la Centurie huitiéme: Quatrain neuf, que le Roy de France doit receuoir le Sceptre Imperial en la ville de Sauonne en Italie, mais en vn temps bien faf-
cheux pour les Romains, Venitiens & Im-
periaux, à ce que Noftradamus nous affeure
lors qu'il dit.

Pendant que l'Aigle & le Coq à Sauonne
Seront vnis, mer Leuant & Ongrie:
L'armée à Naples, Palerne marque d'Anconne,
Rome, Venife, par barbe orrible crie.

Il faut entendre par l'Aigle l'Empire, par
le Coq la France, fi bien que l'Aigle & le
Coq eftans vnis enfemble en la ville de Sauonne, cela veut dire que fa Majefté fera
Empereur des Romains.
Il me fouuient auoir veu en plein midy à
l'entour du Soleil vne couronne Imperiale
en Italie pendant le fiege de Turin, l'onziéme du mois de Iuin de l'année 1640. que

Monsieur le Comte d'Harcourt general des
armées de sa Majesté, me fit voir en presen-
ce de plusieurs Seigneurs, lequel me deman-
da ce qu'elle signifioit? Ie luy dis comme il
peut tesmoigner que c'estoit vn presage de
l'euenement à la couronne Imperiale du
Roy de France qui se feroit en Italie ; Voila
comme toute sortes d'augures ont presagé
de grands aduantages pour les Roys de
France, mais plus particulierement pour sa
Majesté d'appresent.

Mais comme sa Majesté ne peut estre Empereur que par la mort ou destruction de
celuy d'appresent à ce que Nostradamus
nous asseure par la Centurie huitiéme quatrain octante vn, que la desolation de l'Empire qui est en quelque façon tributaire à
Philippe Roy d'Espagne doit arriuer par
la ruine de la Sicile, lequel Empire doit
pour lors changer de main, sçauoir du Pole
Aquilonaire en la Gaulle Belgique.

Le neuf Empire en desolation,
Sera changé du Pole Aquilonaire,
De la Sicile viendra le motion
Troubler l'Empire à Philip tributaire.

Il semble que Nostradamus vueille dire
que sa Majesté paruiendra à l'Empire Ro-

main à mesme temps que la Sicile sera en desolation pour cause des Turcs, nous en voyons detia quelque commencement ou disposition, puis que les Turcs ont fait descente vers la Candie.

Tout cela ne me satisfait pas tant c'est vn aduenir qui ne determine point precisément le temps de cét euenement à la couronne Imperiale de sa Majesté. Voyons plus auant ce qu'en dit Nostradamus en la Centurie sixiéme: Quatrain 67.

Au grand Empire paruiendra tost vn autre
Bonté distant plus de felicité,
Regi par vn issu non loin du Peautre
Corruer regnes grande infelicité.

Par cét augure l'Oracle nous asseure que celuy qui sera gouuerné ou son Estat, par Monseigneur le Cardinal Mazarin, sera Empereur des Romains : c'est pourquoy il faut entendre par le Grand Empire l'Empire Romain, de ce qu'il a esté le plus grand Empire du monde, & le sera encores vne fois; estant possedé par les Bourbons, paruiendra tost vn autre, c'est à dire, qu'vn autre sera bien tost Empereur des Romains, *Bonté distant plus de felicité*, lequel sera plus heureux & plus for-

tuné que celuy d'appresent, regi par vn issu
no loin duPeautre: le sera celui qui sera gouuerné ou son Estat, par vne personne qui sera sortie proche du Peautre. Pour plus grande intelligence de tout ce dessus, il faut sçauoir premierement comme Monseigneur le
Cardinal Mazarin est le principal Gouuerneur de la Personne du Roy ; Et apres luy
Monsieur le Marquis de Villeroy. Et le
Peautre est vne terre d'Italie qui confronte
la Calabre & la Sicile (qu'on appelloit anciennement Peucetia) & le pere de Monseigneur le Cardinal Mazarin estoit Sicilien,
duquel il est sorty. De maniere que Monseigneur le Cardinal Mazarin estant le principal Gouuerneur du Roy, & que son pere
estoit Sicilien, duquel il est sorty : c'est
donc sans difficulté que le Roy sera Empereur des Romains.

    Bien que cet augure soit assez clair & in-
telligible, ne me satisfait pas tant quand il
ne prescrit point determinément le temps
que sa Majesté doit posseder l'Empire Romain. Voyons encore ce que Nostradamus
dit de plus particulier en la Centurie quatriéme: Quatrain quatre vingts six.

L'an que Saturne en eau sera conioinct,
Auecque Sol le Roy fort & Puissant:
A Rheins & Aix sera receu & Oingt,
Apres conquestes meurtrira innocent.

De maniere qu'apres auoir beaucoup cherché & calculé pour trouuer le temps de cette conionction de Saturne auec le Soleil en signe Aquatique, qu'en fin l'auons trouuée quelle se fera au signe de Cancer, qui est vn signe Aquatique, le 25. iour du mois de Iuin à dix heures quarante sept minutes apres midy de l'année 1650. Il s'en trouue encore vne autre en l'année 1651. l'onziéme du mois de Iuin à cinq heures & demie du matin, à dix-huit degrez 25. minutes du mesme signe de Cancer; Si bien que nous pouuons iuger par là comme sa Majesté sera Sacrée comme Roy de France en la ville de Rheins où est la Saincte Ampoulle en ladite année 1650. & en l'année 1651. couronné Empereur en la ville d'Aix en Alemagne, qu'on appelle la Chappelle, où sont les corps des trois Roys qui adorerent Iesus Christ.

En fin toutes les Propheties, tant des Saincts Peres, Sybilles, Nostradamus & autres, disent toutes vnanimement qu'vn Roy de France subiuguera le Turc, restablira la Foy Chrestienne par tout l'Vniuers estant vne fois Empereur des Romains; si bien que par le calcul que nous auons fait, bien recherché & raisonné, nous trouuons que ce sera Louys XIV. de Dieu donné. Il est bien vray, comme nous auons dit cy deuant, apres que le Roy aura iouy quelque temps de l'Empire il s'en demettra en faueur de Monsieur le Duc d'Anjou son frere, lequel continuera de poursuiure les Turcs & infidelles.

ELOGES A LA FRANCE.

CE n'est pas sans raison si entre tous les Royaumes du monde, Dieu à recogneu & voulu fauoriser celuy de France, comme estant le plus pie, le plus sainct & plus accomply en toutes choses humaines & diuines : cela se preuue par plusieurs raisons & exemples. Premièrement, Dieu la fauorisée d'vne saincte Ampoulle,

qu'il enuoya au Roy Clouis par vn Ange
remplie d'huile celeste, laquelle est·pour le
iour d'huy à Rheins, duquel huile sacré tous
les Roys de France en sont Oingts & Sacrez.
Et par vne Ambassade celeste luy enuoya
aussi des Fleurs de Lys en signe de pureté, en
faueur du premier Roy Chrestien le Roy
Clouis V. Roy de France, & en suite à donné
aux Roys de France ses Successeurs la grace
de faire des miracles, en guerissant les hommes des Escroüelles ; de plus les fauorit de
ceste belle saincte Baniere de soye vermeille,
qu'on appelloit Auriflamme, de ce qu'on y
voyoit des flames de feu de couleur d'or, disant que telle Enseigne n'estoit point por-
tée en bataille sinon contre les infidelles:
Mais à cause que les Roys en abuserent contre les Chrestiens, elle s'esuanouyt s'en estant
retournée comme elle estoit venuë par miracle, mais encores plus Dieu le fauorise en
luy donnant des Roys Saincts, ainsi que nous
voyons par l'histoire, que de vingt en vingt
Roys il y en a tousiours vn de sainct, à prendre du premier Roy Chrestien le Roy Clouis cinquiéme Roy de France. Et toutes &
quantesfois que les Papes ont esté desmis de
leur Pontificat par les Payens & heretiques,
les Roys de France les ont restablis dans leur

sainct siege Apostolique, aussi l'Eglise Ro
maine en faueur de ce a declaré & recogneu
les Roys de France pour tres Chrestiens &
fils aisnez de l'Eglise, les ayant au surplus
deschargez de tous les hommages deubs à
l'Empire, & quand la France a esté attaquée
par des Princes estrangers, Dieu la deffen-
duë & restablie miraculeusement ainsi que
l'histoire nous apprend du temps de la Pu-
celle d'Orleans dagée de vingt ans, laquelle
restaura la France qui auoit esté vsurpée par
les Anglois enuiron l'an 1425. Finalement
la France se trouue grandement fauorisée
de sa Majesté, laquelle suiuant le dire de
plusieurs Propheties sainctes & autres, doit
extirper les heresies, subiuguer l'Empire
Romain, celuy des Grecs & Barbares tra-
uerser la mer, aller en Hierusalem pour faire reluire la foy Chrestienne où elle fera
plusieurs Edicts & ordonnances, disant qui-
conque n'adorera Iesus Christ sera puni de
mort, tous les Princes Chrestiens luy obei-
ront pour destruire toute nation infidelle, il
n'y aura nation pour si puissante qu'elle soit
quelle luy puisse resister conformément au
dire de sainct Antonin rapporté par sainct
Bemecobus en la troisiéme partie de son Liure Mirabilis, folio 62. Disant qu'il n'y aura
Monar-

Monarque si puissant qu'il soit qu'il luy puisse resister, d'autant que le bras du Seigneur sera tousiours auec luy, lequel possedera tout le Domaine vniuersel de toute la terre, la Sybille Grecque en la continuation de ses Propheties rapportées par ledit sainct Bemecobus, audit liure Mirabilis fueillet 10. parlant des Rois de France & de la destruction de Rome par le Turc, dit qu'en ce temps là sortira vn feu de France qui sera Roy des Grecs, lequel sera de nom & de fait constant & ferme en ses résolutions, & iceluy sera Roy des François, des Grecs & des Romains, pour plus grand tesmoignage que la Sybille Grecque parle particulierement de sa Majesté, Louys XIV. dit que ce Roy des François sera de statuë assez grande & d'vn aspect tres beau, ayant le visage splandide, & le reste de ses membres & lineamens tresbien composez, & bien ornez; y a-il rien de plus veritable que la verité mesme, puis que nous voyons les mesmes traicts & lineamens de la personne de sa Majesté: Mais de grace voyons en plus ce que dit ladite Sybille Grecque en ses reuelations en faueur des Roys de France & de sa Majesté, il sortira vn lys de la campagne Occidentale, lequel ira croissant de mil en mille en

I

la terre de la Vierge, il faut entendre pour
la cāpagne Occidentale la France eu esgard
à l'Italie, & pour la terre de la Vierge la
Grece, Achaye, Crete, Mesopotamie,
Assyrie, Cilicie, Athenes, Rodes, Alexan-
drie, Hierusalem, Corinthe, Tarente, Be-
neuente, Ferrare, Pauie, Balse, Paris, Lyon
& Tholose : Aussi sa Majesté fera ses plus
grands progrez vers toutes ses contrées, &
outre cela recouurera son Patrimoine & ce
que ses predecesseurs ont autresfois perdu,
laquelle sera forte & puissante comme vn
Cedre dit la Sybille, & Nostradamus en la
Centurie vnziéme : Sixain quarante.

Ce qu'en viuant le pere n'auoit sceu,
Il acquerra, ou par guerre ou par feu,
Et combattra la sangsuë irritée,
Ou ioüira de son bien paternel:
Et Fauory du Grand Dieu Eternel,
Aura bien tost sa Prouince heritée.

Il faut entendre par la sangsuë le Roy
d'Espagne, comme il a esté dit cy deuant.
Par le bien paternel faut entendre la Nauar-
re, qui est vn petit Royaume qui n'est pas
plus grand qu'vne Prouince, c'est pourquoy
Nostradamus dit : *Aura bientost sa Prouince*
heritée.

Sainct Bemecobus rapporté au mesme liure *Mirabilis*, fueillet 28. qu'il fut trouué vne Prophetie fort ancienne, laquelle dit qu'vn grand Aigle sera iointe & associée auec le Lys, lequel ira d'Occident en Orient contre le Lyon, qu'il faut entendre en partie le Roy d'Espagne de ce qu'il occupe le Royaume de Leonez : Mais il se doit plustost entendre du Grand Seigneur que du Roy d'Espagne, d'autant que comme le Lyon est le Roy des animaux, le Grand Seigneur est le plus puissant Roy de la terre, lequel comme i'estime est nay sous le signe du Lyon, lequel pour raison de ce, tient du Lyon. Et comme dit l'Oracle le Lyon en marque.

Finalement Nostradamus dit, comme le Roy doit gagner quelque grande bataille qui se doit faire en Italie, apres laquelle on dressera de grands Triomphes & des ieux nouueaux. C'est par la Centurie quatriéme: Quatrain trente six, que Nostradamus nous asseure de la deffaite de cette bataille Turque ; ensemble du triomphe & ieux nouueaux que l'on dressera en suite, lors qu'il dit:

Les ieux nouueaux en Gaule redressez,
Apres victoire de l'insubre Champagne:

Monts Desperie, les grands liés troussez,
De peur de trembler la Romaigne & l'Espaigne.

Il faut entendre par l'insubre Champagne, la Gaule Sisalpine ou le Milanois, Pauie, Plaisance, Cremone, Lande, Noüere,
Versel, & la Lombardie. Il faut sçauoir de
plus que les monts Desperie sont voisins, ou
Lymitrophes de la Lombardie ou Gaule Sisalpine, proche lesquels ceste grande bataille
se doit faire. Mais à cause que Nostradamus
ne se declare pas tout à fait; sçauoir si cette
bataille se fera contre les Turcs ou contre les
Milanois. Ie n'oserois dire mon sentiment,
toutesfois ie me seruiray de cét ancien prouerbe Scolastique : *Nam tua res agitur paries*
cum proximus ardet. Ie sçay bien qu'il y aura
plusieurs Seigneurs d'Italie qui seront faits
prisonniers, qu'il faut entendre par ces
mots, *Les grands liés troussez,* & pour lors
toute l'Italie & l'Espagne trembleront,
qu'en fin l'on dira de nostre Roy ce qu'au-
trefois Stadius à dit de Iule Cesar : *Primus*
inter nostris ostendit in ætheradinis; Qu'en fin
la diuine Sapience fera paroistre nostre Roy
par dessus tous les Monarques du monde,
de mesme que le Soleil par dessus tous les
Astres : mais de telle sorte que les Romains

feront contrains de faire renaiſtre ceſte belle
Antiquité qu'ils pratiquoient enuers leurs
Princes en la perſonne du Roy de France, à
ce que dit Suetone en Auguſte, pour teſmoi-
gner l'honneur & le reſpect que les Romains
deuoient à leurs Princes ; faiſoient peindre
leurs Images dans les Temples leurs teſtes
entourées de rayons de feu & d'Eſtoilles,
pour apprendre auſſi à la poſterité qu'ils les
honoroient comme des Diuinitez. Ce que
Lucan nous teſmoigne plus particulierement, quand il dit:

Fulminibus manes radiiſque ornauit & aſtris,

In que Deum Templis iurabit Roma per vmbras.

Si anciennement les Romains faiſoient
peindre les portraicts de leurs Roys dans les
Temples leurs teſtes entourées de rayons de
feu & d'Eſtoilles : Ie vous aſſeure qu'ils auront occaſion de releuer en bronze la Statuë
du Roy de France au milieu de la grande
place de Rome, en ſigne de gloire, de triomphe & de memoire à la poſterité, apres auoir
chaſſé cette nation Turque des terres d'Italie.

En fin apres que les Chreſtiens auront
beaucoup ſouffert de cette nation Turque,
Dieu nous promet l'eſtabliſſement de la Foy
Chreſtienne par toute la terre, en l'année

1660. Et pour lors la Prophetie qui me fut
enuoyée de Rome en l'année 1618. sera ac-
complie, qui dit : *Vnus Pastor* , *vnus Rex* , *&*
vnum Ouile , Qu'il n'y aura qu'vn seul Pasteur
le *&* Pontife de Rome, *Vnus Rex*, vn seul Roy,
le Roy de France , *& vnum Ouile* , vne seule
Bergerie, c'est à dire, que tous les peuples
aduoüeront vn seul Iesus Christ , Redem-
pteur du genre humain, sous la conduite du
Roy de France , conformément à la Centurie dixiéme dudit Nostradamus cy dessus
notée : Quatrain cent vn.

Quand le fourcheu sera soustenu de deux Paux,
Auec six demy Cors, & six cyseaux ouuers:
Le tres puissant Seigneur heritier des Crapaux,
Alors subinguera soudroye tout l'Vniuers.

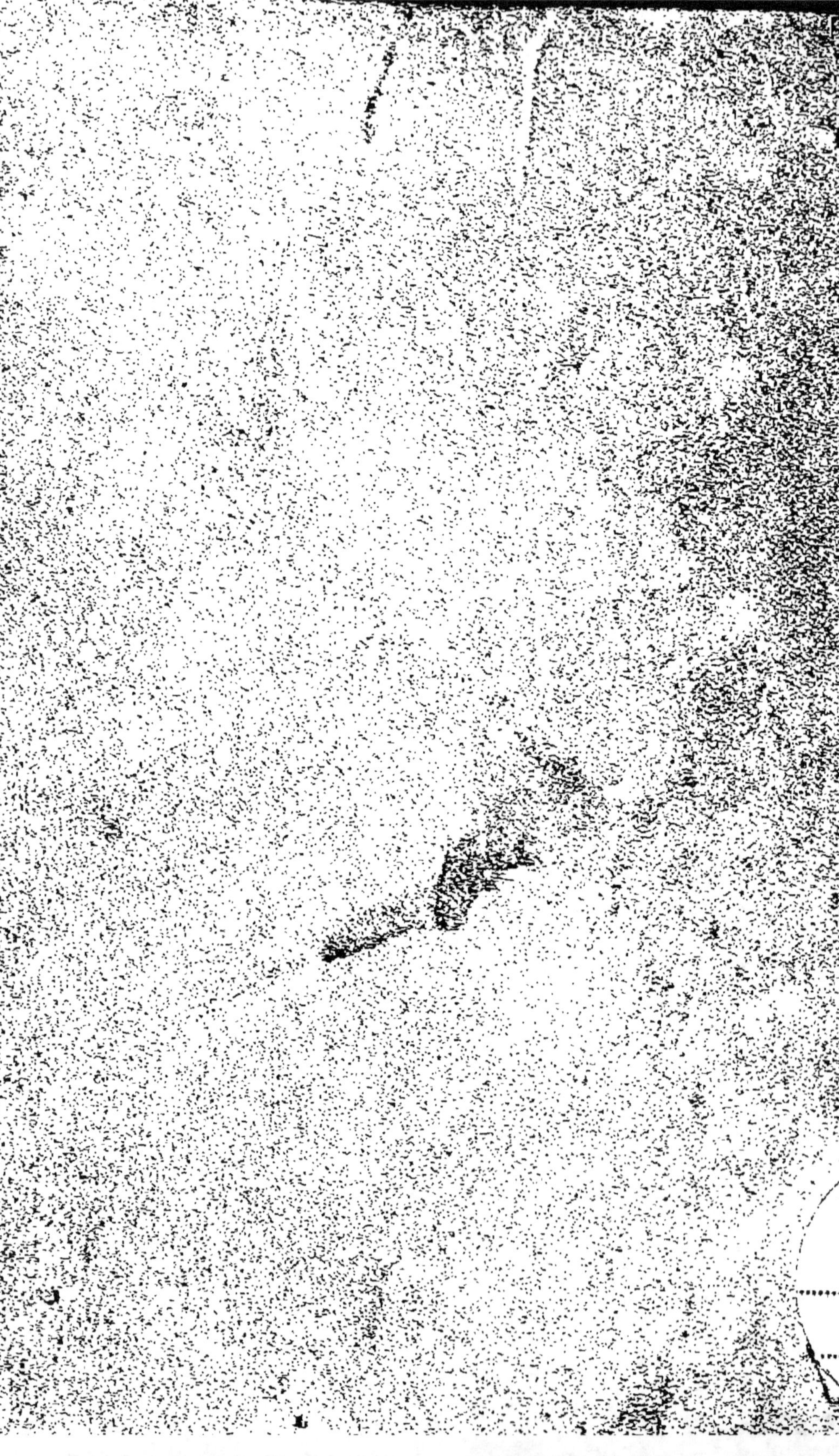

www.ingramcontent.com/pod-product-compliance
Lightning Source LLC
LaVergne TN
LVHW020216030726
842520LV00003B/1096